J. M. J.

LES
CROISÉS DE LA PÉNITENCE

OU

RELATION ABRÉGÉE

D'UN PÈLERINAGE

EN TERRE-SAINTE

ACCOMPLI

du 24 Avril au 3 Juin 1885

PAR

L'Abbé Edmond JASPAR

CHANOINE HONORAIRE

DOYEN DE SAINT-JACQUES

A DOUAI

DOUAI

Louis Dechristé, imprimeur breveté

RUE JEAN-DE-BOLOGNE, 1

— 1886 —

LES
CROISÉS DE LA PÉNITENCE

OU

RELATION ABRÉGÉE

D'UN PÈLERINAGE

EN TERRE-SAINTE

ACCOMPLI

du 24 Avril au 3 Juin 1885

PAR

L'Abbé Edmond JASPAR

CHANOINE HONORAIRE

DOYEN DE SAINT-JACQUES A DOUAI

DOUAI

Louis Dechristé, imprimeur breveté

RUE JEAN-DE-BOLOGNE, 1

— 1886 —

Rescrit Pontifical

Du palais du Vatican, le 15 Mars 1886.

Le Très Saint-Père Léon XIII, désirant favoriser une œuvre qui lui paraît très opportune pour réchauffer parmi les fidèles l'esprit de pénitence et de prière, renouvelle encore pour cette année, en faveur de ceux qui se préparent à partir pour les Lieux Saints de la Palestine, toutes les facultés, grâces et indulgences accordées par ses Lettres du 6 Mars 1882 en faveur de ceux qui ont entrepris, cette année-là, le Pèlerinage de Jérusalem.

En outre, par grâce spéciale, Sa Sainteté veut bien accorder à tous ceux qui auront accompli ce Pèlerinage cette année, de gagner, par la confession et la communion, l'indulgence du Jubilé universel, à la seule condition qu'à leur retour dans leur patrie ils visiteront pieusement une seule fois individuellement l'église paroissiale, ou une autre désignée pour cela par leur propre évêque. Nonobstant toute décision contraire.

G. BOCCALI,
Auditeur de Sa Sainteté.

A MES CHERS PAROISSIENS

A MA BONNE & VÉNÉRÉE MÈRE

LES CROISÉS DE LA PÉNITENCE

Dieu le veut ! Dieu le veut ! (1)

—✦—

> « *Eritis mihi testes in Jerusalem,
> et in omni Judæa et Samaria.* »
>
> « Vous témoignerez de ma divinité
> à Jérusalem, dans toute la Judée et dans
> la Samarie. »
>
> (Act. Ap., I, 8.)

Dans la soirée du mardi, 2 juin, de l'année 1885, accoudés sur le bordage du beau navire *La Bourgogne*, qui nous ramenait de Terre-Sainte et venait de dépasser l'île de Corse, nous regardions pensivement ces flots bleus de la Méditerranée trois fois privilégiés à nos yeux, car en même temps qu'ils entourent de leur mouvante ceinture les rivages sacrés où s'élèvent Jérusalem et Rome, ces deux patries de nos âmes, ils vont baigner

---

(1) Nos lecteurs voudront bien ne point chercher dans ce modeste travail une relation détaillée de notre beau Pèlerinage : ce n'est qu'un cri de reconnaissance jeté du fond de notre cœur à nos vénérés guides de l'année dernière, un aide-mémoire pour nous-mêmes, et un pressant appel destiné à nous recruter des imitateurs.

les côtes de cette France où nous attendaient nos meilleures affections d'ici-bas, la famille et les amis : la famille, groupe d'amis que le bon Dieu nous donne ; et nos amis, seconde famille que le cœur se choisit !

Six longues semaines s'étaient écoulées depuis que nous nous étions arrachés à tout ce qui nous était cher, et c'était le lendemain, à l'aurore, que nous devions arriver en vue de Marseille. Aussi ressentions-nous une émotion profonde qui s'accrut encore lorsque la cloche du bord sonna l'exercice du soir, le dernier qui dût avoir lieu sur le bateau. Dire les pensées, les impressions de toute espèce que nous portâmes à la chapelle improvisée en faveur des pèlerins sur le gaillard d'arrière, serait chose impossible. C'étaient tout ensemble des transports de reconnaissance pour les enivrements dont nos yeux et nos cœurs avaient été comblés, des regrets unanimes pour les Saints-Lieux que nous laissions derrière nous, des aspirations ardentes vers ce que nous allions revoir. Que de larmes se mêlèrent à nos prières ! Que de sanglots contenus entrecoupèrent nos voix pendant le Salut qui précéda, comme de coutume, la bénédiction du T. S.-Sacrement !...

Mais voici que le bien-aimé directeur de notre caravane, le Père Vincent-de-Paul Bailly, monte sur le gradin de l'autel. Il résume et condense en quelques traits rapides les charmes sans nombre du pèlerinage qui va finir ; il énumère les maternels bienfaits dont la Providence en a semé le cours ; il nous prédit les délicieuses réminiscences qui désormais traverseront, comme des rayons de lumière, nos études, nos fonctions, nos joies ou nos tristesses sacerdotales ; il nous communique à tous le culte ardent qu'il a voué lui-même à Jérusalem et nous électrise en nous proposant d'entonner tous ensemble le Psaume commençant par ces mots : *Super flumina*

Babylonis illic sedimus et flevimus cùm recordaremur Sion ; « Exilés sur les rives des fleuves de Babylone, nous nous y sommes assis et nous y avons pleuré en nous rappelant Sion ! » Dieu ! avec quel élan nous chantâmes cette superbe élégie dont nous n'avions jamais si bien compris le sens. Nous en répétâmes en chœur la première phrase après chaque verset jusqu'à celui-ci, qu'on a nommé le verset des imprécations : *Si oblitus fuero tuî, Jerusalem, oblivioni detur dextera mea. Adhæreat lingua mea faucibus meis, si non meminero tuî, si non proposuero Jerusalem in principio lætitiæ meæ !* « Si jamais je t'oublie, Jérusalem, que ma droite se paralyse ! Que ma langue se colle à mon palais, si tu ne restes pas mon plus doux souvenir, si je ne mets pas Jérusalem en tête de mes joies ! » A ces paroles solennelles, un délirant enthousiasme s'empara de l'équipage entier ; des larmes jaillirent de tous les yeux ; nos voix, redoublant de puissance, dominèrent le bruit de l'hélice et des flots, et toutes nos mains se levèrent pour prendre le Ciel à témoin de notre serment !...

Dieu me garde d'être infidèle au mien, et puisqu'on organise la cinquième caravane de pénitence, je saisis avidement cette occasion pour parler de Jérusalem, de la Terre-Sainte, et pour inspirer, si je le puis, à quelques-uns de mes lecteurs le pieux désir de tenter à leur tour ce pèlerinage, le plus beau, le plus consolant, le plus profitable de tous.

Afin d'imprimer à ce travail le cachet doctrinal dont il est susceptible, je montrerai, dans une première partie, que la Palestine, après avoir été la terre des *préparations* et des *opérations* divines, verra aussi la *consommation* de nos destinées humaines. La seconde partie sera toute narrative et retracera l'itinéraire de notre saint voyage.

I

1° **Préparations.** — On sait dans quel heureux état l'homme sortit des mains de son Créateur. Comblé des plus sublimes prérogatives dans son corps et dans son âme, il était destiné à couler des jours de délices au sein d'un séjour enchanteur qui ne devait être pour lui que le vestibule du Ciel.

L'homme, par sa chute originelle, trompa les desseins de Dieu, sans pouvoir décourager son amour, puisque l'Incarnation et la Rédemption du Sauveur allaient lui reconquérir les principaux droits dont le péché l'avait dépouillé. Or, le théâtre à jamais mémorable et sacré des *préparations* divines pour procurer le salut d'Adam et de sa race fut l'Asie, et, dans l'Asie, l'étroite zone de terrain connue sous le nom de Palestine. C'est là qu'expulsé du Paradis terrestre, dont l'emplacement ne peut guère être cherché ailleurs qu'en ces mêmes contrées, notre premier père vint subir sa longue expiation. Après avoir eu pour berceau l'Eden, il eut pour tombeau le Calvaire, en sorte que le sang réparateur put couler sur le crâne d'Adam par la fente que produisit le tremblement de terre survenu à la mort du Christ.

La postérité d'Adam s'établit également sur ce territoire. Des traditions fort accréditées chez les Orientaux désignent chacune des étapes de ces premiers ancêtres du genre humain. C'est, par exemple, auprès de Damas, à Kasiûn, qu'on place le lieu de la mort d'Abel. C'est au Carmel que fut tué le fratricide Caïn. C'est à Joppé, aujourd'hui Jaffa, ville fondée par Japhet, que Noé fabriqua son arche. Abraham, lui aussi, choisit pour résidence la

terre de Chanaan que le prophète Zacharie allait appeler
la Terre-Sainte (1), et y devint le chef du peuple de Dieu
en qui devaient être bénies toutes les nations du monde.
Isaac, Jacob et les douze patriarches, ses fils, y dressè-
rent çà et là leurs tentes, jusqu'à ce que Joseph eût fait
venir en Egypte sa famille, composée de soixante-dix
personnes.

Quatre siècles plus tard, ce petit groupe d'hébreux
s'était multiplié jusqu'à former une agglomération de
600,000 hommes en état de porter les armes. Tel est le
peuple que Moïse reçoit la mission d'arracher de l'Egypte
et de ramener à son lieu d'origine. Le grand législateur
expire au seuil de la Terre Promise. Josué en franchit
les frontières. Après des alternatives de succès et de
revers sous les Juges, le roi David s'établit à Jérusalem et
Salomon y élève ce temple dont l'univers entier a célé-
bré la gloire. Bientôt se consomme le fatal partage du
royaume entre deux sceptres, ceux de Juda et d'Israël ;
c'est alors qu'apparaissent les prophètes Elie, Elisée,
Isaïe, Jérémie, Ezéchiel, Daniel et les autres, tous an-
nonçant le Messie à venir, préfiguré lui-même depuis le
commencement du monde par une série de saints person-
nages et raconté d'avance à chaque ligne de la Bible.
Ajoutons qu'à partir du jour où Dieu daigna se charger
directement de la conduite de son peuple, celui-ci servit
les desseins providentiels, non-seulement dans ses pério-
des de fidélité, mais encore dans ses fréquentes révoltes,
puisqu'à chaque apostasie de sa part, des oppresseurs
étrangers s'abattaient comme des fléaux divins sur la
nation coupable. Ainsi s'expliquent les servitudes anté-
rieures à l'époque des rois, les captivités de Ninive et

______

(1) Zach. II, 12. *Et possidebit Dominus Judam partem suam in*
TERRA SANCTIFICATA, *et eliget adhùc Jerusalem.*

de Babylone, les expéditions de Cyrus, de Darius, d'Alexandre-le-Grand, des Ptolémées, des Séleucides et des Légions romaines. Vainqueurs et vaincus font la même œuvre pendant quarante siècles : ils *préparent* le sol prédestiné qui doit germer le Christ (1), ils frayent les voies au Libérateur de l'humanité.

2° Opérations. — Jésus-Christ naît. Il est Juif. Son immaculée Mère Marie, son père nourricier Joseph, son précurseur Jean-Baptiste et tous ses apôtres sont Juifs. Voilà les *opérateurs*, les *réalisateurs* du salut du genre humain ; et la terre trois fois sainte où Jésus-Christ a passé dans les fatigues d'un travail manuel les trente ans de sa vie cachée, où il a prodigué les prédications et les miracles de sa vie publique, où il est mort enfin dans d'épouvantables tourments, c'est la Galilée, c'est la Samarie, c'est la Judée. Quels noms bénis et retentissants tout à la fois que ceux de Bethléem, de Nazareth, du Jourdain, du lac de Tibériade et de Jérusalem ! Où trouver des lieux aussi vénérables que Gethsémani où Jésus fut en agonie, que le Calvaire où il expira, que le mont des Oliviers d'où il s'éleva dans les Cieux, que le Cénacle où fut instituée l'Eucharistie et fondée l'Eglise ? Mais qu'ai-je besoin de citer des noms ? Est-ce que la Palestine tout entière n'est pas comme une immense relique, elle qui, sillonnée en tous sens par le Sauveur, a conséquemment été en contact incessant avec Lui ? C'est bien ainsi, du moins, que l'ont compris les innombrables saints qui sont allés vénérer ces lieux, y vivre ou y mourir ; et c'est pour en assurer le libre accès à la piété chrétienne que les Croisés des XIᵉ, XIIᵉ et XIIIᵉ siècles ont versé leur sang à flots et conquis un prestige que les hauts

____

(1) Isaïe **XLV**, 8 : *Aperiatur terra et germinet Salvatorem*

faits de Bonaparte et de Kléber en Orient sont loin d'avoir égalé. Il est vrai que, quelques années après l'immolation de Jésus sur la Croix, l'apôtre Pierre, dont il avait fait son vicaire ici-bas, transporta son siége à Rome où il mourut; mais ce ne fut là qu'une extension du champ d'action de son apostolat, et ce déplacement ne peut ravir à la Terre-Sainte la gloire d'avoir été la scène des *opérations* divines pour le salut du monde.

3° **Consommation.** — Est-ce tout? Non. Des traditions immémoriales, mais dont la plupart n'ont qu'une autorité purement humaine, annoncent que c'est en Terre-Sainte aussi que se *consommeront* les destinées terrestres de l'humanité. C'est là que les Juifs, aujourd'hui dispersés, se rassembleront de tous les points du monde (1), afin de rendre, par leur conversion finale, un indiscutable hommage à la divinité de Celui qu'ils ont crucifié. C'est de là que partiront Enoch et Elie, les deux prophètes réservés par Dieu pour être, à la fin des temps, les témoins des premiers âges, encourager les fidèles et prêcher la pénitence aux dernières générations. Ils subiront le martyre à Jérusalem où leurs corps demeureront trois semaines et demie sans sépulture, après quoi ils reprendront vie et monteront triomphants dans les Cieux. De là encore sortira l'Antechrist, le premier Juif appelé à régner sur le monde. Ce grand séducteur naîtra de la tribu de Dan, fixera sa résidence dans la ville même où le Christ a été mis à mort, persécutera fanatiquement les chrétiens pendant trois ans et demi, recrutera des sectateurs à force de prodiges diaboliques, voudra même s'élever dans les airs à l'imitation d'Enoch

____

(1) *Trente mille*, m'a-t-on dit, sont déjà dans Jérusalem et autour de ses murs.

et d'Elie ; mais il aura le sort de Simon-le-Magicien et périra misérablement, les uns disent à Lydda ; les autres, en plus grand nombre, sur le mont des Oliviers. Quarante-cinq jours après, suivant une conjecture de saint Jérôme, aura lieu le Jugement général, dont les terribles assises se tiendront dans la vallée de Josaphat, qui s'étend au nord-est de Jérusalem. Et alors le Juge suprême s'écriera du haut de son trône : « Voici que je vais faire toutes choses nouvelles ; » *Ecce nova facio omnia* (1).

Encore un coup, quoi de plus digne d'intérêt pour tout le monde et surtout pour le prêtre, chargé de rappeler, tous les jours, aux hommes d'où ils viennent et où ils vont, que la visite de cette terre des merveilles ? Combien la fameuse Athènes, dont on nous a tant parlé dans notre jeunesse, est loin de balancer la gloire de la Ville sainte ; et combien Rome elle-même, pourtant si chère à nos cœurs depuis qu'elle est devenue le siége des successeurs de Pierre, le batelier du lac de Génézareth, combien Rome elle-même semble s'éclipser devant l'illustration quarante fois séculaire de Jérusalem !...

(1) Je me fais un devoir de répéter que tous les détails qu'on vient de lire touchant la fin du monde n'engagent en rien la foi : ce sont bien moins des *prédictions* proprement dites que des *prévisions* appuyées sur des traditions populaires ou proposées par des commentateurs de l'Apocalypse.

II

Jérusalem ! c'est le nom que nous avions tous aux lèvres et dans le cœur en montant, le vendredi 24 avril 1885, sur le paquebot transatlantique *La Bourgogne* qui devait nous emporter de France. L'incomparable apôtre de l'Afrique, le cardinal Lavigerie, de passage à Marseille, avait daigné venir à bord pour nous bénir. Ses brûlants adieux excitèrent des transports d'enthousiasme auxquels firent écho de nombreux spectateurs massés sur le *Quai des Anglais*, et l'ancre fut levée pendant que tous, à genoux sur le pont, nous chantions de toute notre âme l'*Ave maris Stella*.

Notre navire était une véritable église flottante. Une grande croix, taillée suivant les dimensions probables de celle de N.-S J.-C. (1), se dressait à l'avant; et tout le gaillard d'arrière, je l'ai dit, avait été converti en chapelle, où dix-huit petits autels portatifs, alignés à droite et à gauche de l'autel principal, permirent aux 144 prêtres de la caravane de célébrer la sainte Messe tous les jours de notre double traversée. Par une insigne faveur très appréciée de tous, Jésus était devenu le premier des passagers de *La Bourgogne* et occupait sa *cabine* au milieu des nôtres, car nous eûmes l'Adoration perpétuelle, jour et nuit, à l'aller comme au retour.

Oh ! que notre navigation fut belle sur cette mer domptée, dont les vagues d'azur et d'argent nous berçaient

---

(1) Voir le Mémoire de M. Rohault de Fleury sur les Instruments de la Passion.

avec de doux murmures !.... Nous longeons la Corse, nos longues-vues braquées sur les villes du littoral et surtout sur la bàie où se cache Ajaccio. Grâce au calme parfait des flots, nous pouvons raccourcir notre route de près d'une journée, en passant, le samedi à midi, par les bouches de Bonifacio. Nous y chantons le *De Profundis* pour le repos des âmes des 800 pauvres soldats français qui périrent sur ces rochers, en 1854, avec la frégate *La Sémillante* chargée de les conduire en Crimée.

Le dimanche, 26, fête du Patronage de Saint Joseph, par une attention délicate pour le diocèse de Cambrai, que j'avais l'honneur de représenter avec six autres de mes confrères et cinq laïques (1), on me fait célébrer solennellement la grand'Messe à bord, devant tout l'équipage, et un coup de canon salue, à l'Elévation, le Dieu de l'Eucharistie. La journée s'achève pieusement comme toutes les autres, car notre navigation est une véritable retraite, dont les exercices, ingénieusement enchaînés les uns aux autres, nous tiennent sans cesse en haleine. Nous traversons le groupe des îles Lipari que domine le sommet volcanique du Stromboli. Là se termine la mer Tyrrhénienne. A minuit, nous franchissons le détroit de Messine, l'un des plus ravissants endroits du monde, au dire des marins. Un splendide clair de lune nous permet d'apercevoir Messine, à tribord ; Reggio, sur la côte de Calabre, à babord ; tandis qu'à

---

(1) M l'abbé Edmond Lebrun, alors vicaire à Maubeuge, M. l'abbé N. Leroy, vicaire à Saint-Martin (Roubaix), M. l'abbé Maes, pro-curé à Vieux-Berquin, M. l'abbé Moine, missionnaire apostolique à Cambrai, M. l'abbé Pitte, vicaire à Bourbourg et M. l'abbé G. Roger, vicaire à Lille (Saint-Maurice). Cinq laïques, MM. Cainne et Dufresnoy, Mme et Mlle Vanverts et enfin Mme F. Renaud complétaient notre petit groupe du Nord.

droite, l'Etna dresse son cône arrondi, couronné d'un éternel panache de fumée.

C'est fini : nous voici dans cette belle mer Ionienne, qui miroite comme de l'acier liquide à reflets d'or sous les flamboiements du soleil. Plus de terre en vue durant deux longues journées. Comme récréation, dans les moments libres que nous laissent l'Oraison, la Messe, le Bréviaire, le Rosaire médité, le Chemin de la Croix, les Conférences, le Salut et l'Instruction, nous contemplons les aspects toujours changeants des flots, les voiles blanches qui émergent dans le lointain et quelques cachalots qui s'ébattent sur les flancs du navire. A l'aube du mercredi 29, une ligne sinueuse se profile à l'horizon : c'est l'île de Crète ou de Candie, avec son mont Ida et ses souvenirs mythologiques de Jupiter et du roi Minos. Le jeudi 30, nous ne voyons plus partout que le ciel et l'eau. Enfin, le vendredi matin, 1er mai, huitième jour de notre embarquement, une acclamation triomphante retentit d'un bout à l'autre du vaisseau. Serrés contre le bordage qui nous emprisonne, nous regardons avec une émotion croissante le continent mystérieux que nous avons devant nous. Tous, nous nous sentons enivrés d'une joie qui tient du délire ; tous nous chantons, en pleurant, le *Magnificat*, car c'est bien la Terre-Sainte, la patrie de Jésus-Christ, qui se découvre à nos yeux !... Le canon du bord l'a saluée comme nous, et voilà qu'à ce signal, des caïques se détachant du rivage font force de rames vers notre bateau pour en prendre les passagers. Nous nous casons bien vite dans ces légers esquifs manœuvrés par des hommes dont le costume pittoresque et l'étrange idiome nous laissent penser que nous faisons un rêve... Mais non ; nous abordons, et notre premier mouvement en mettant le pied sur la plage est d'en baiser passionnément la poussière. Puis, quand le débarquement est complet, nous entrons, drapeau national en tête, dans la ville de Caïffa, qui nous émerveille par son caractère absolument oriental.

Sans perdre un instant, nous nous formons en longue procession, et nous voilà gravissant à pied et au chant des cantiques les pentes embaumées du Carmel. Se peut-il un plus consolant spectacle pour des pèlerins que de trouver ainsi, au seuil de la Terre-Sainte, Marie debout sur son trône du Carmel, comme pour veiller sur les vestiges sacrés du Fils qu'elle porta tout enfant dans ses bras ?

Dès ce moment commencent pour nous d'immenses fatigues, toujours bien accueillies, puisque nous accomplissions un pèlerinage de pénitence, et que, tous, nous avions de grand cœur offert notre vie pour le triomphe des causes qui nous étaient chères. Du reste, je me hâte d'ajouter, à l'intention des timides, que tout le monde se fait très vite à cette existence surmenée, même les hommes relativement âgés, même.... ou plutôt *surtout* les femmes et les jeunes filles ; les nerfs, les petites industries et l'extrême sobriété de ces voyageuses leur assurent une force de résistance inimaginable. Au surplus, l'essentiel pour chacun est de s'armer des quatre précautions suivantes : Se garantir à tout prix des insolations, mortelles en ces contrées ; éviter les refroidissements en général, et particulièrement ceux qu'amène la brusque tombée de la nuit; supporter avec résignation la dévorante torture de la soif plutôt que de chercher à l'apaiser par des boissons malsaines, notamment par des limonades ; enfin se garder des accidents de cheval, en maintenant la distance réglementaire entre les montures.

Partagés en cinq groupes distincts, que dirigent des *drogmans* catholiques dont Marroum est le chef responsable, nous chevauchons toute la journée du samedi 2 mai, et, après onze heures de cette course fournie sous un soleil de feu, nous arrivons à Nazareth. De charmants enfants, réalisant la peinture que Jérémie a tracée des jeunes Nazaréens de son temps (1), accourent à notre rencontre en nous disant, le sourire aux lèvres : « Bonjour, mon père ; nous sommes du pays de l'Enfant Jésus ! » Que d'émotions remplirent le délicieux dimanche passé au milieu de ce peuple sympathique ! Que de saintes joies nous a causées la visite de la fontaine de Marie, de l'atelier de Saint Joseph, de la Synagogue où prêcha le Sauveur, de la table où il s'assit en compagnie de ses Apôtres après sa résurrection, de la basilique de l'Annonciation, et surtout de la grotte à jamais vénérable formant la moitié de cette *Santa Casa* dont les anges ont transporté miraculeusement à Lorette le prolongement extérieur, construit de main d'homme et jadis adhérent au rocher !

Le lundi 4 mai, nous nous acheminons par des chemins horribles vers la gracieuse et verdoyante montagne du Thabor, où nous assistons à la messe célébrée par l'infatigable P. Bailly au lieu même de la Transfiguration. De son sommet l'œil découvre un panorama splendide, encadré par les hauteurs du Carmel, de l'Hermon et de Galaad, et semé de ruines historiques. Le soir, nous arrivions épuisés à Tibériade, l'ancienne capitale de la Galilée.

Le lendemain, après la sainte Messe, nous nous donnâmes la jouissance d'une promenade en barque sur ce ravissant lac de Génésareth, tant parcouru en tous sens par Jésus et ses disciples. Les ruines de Bethsaïde et de Capharnaüm y sont naturellement l'objet d'une intéres-

---

(1) Jérém., Thren. IV, 7. *Candidiores Nazaræi ejus nive, nitidiores lacte, rubicundiores ebore antiquo, sapphiro pulchriores.*

sante excursion, et je clos cette bonne journée en donnant, dans l'église paroissiale, la bénédiction du T. S.-Sacrement.

Le mercredi, nous rentrons à Nazareth par *le mont des Béatitudes*, le plateau de la *Multiplication des pains*, le *champ des épis* et Cana, qui garde encore deux des urnes miraculeuses. De là nous nous engageons dans le désert de la Samarie, où nous couchons sous la tente au bruit des glapissements sans fin des chacals, et où nous ne rencontrons plus que des campements de Bédouins nomades et d'interminables files de chameaux. Chemin faisant, nous saluons tous les endroits immortalisés par les souvenirs bibliques : Endor, Naïm, Djenine où Jésus guérit les dix lépreux ; Sanour ou Béthulie presque inaccessible sur son monticule escarpé ; Sébaste, autrefois Samarie, avec le tombeau de Saint Jean-Baptiste ; l'ancienne ville de Sichem, aujourd'hui nommée Naplouse, si fameuse par son vieux Pentateuque plus de vingt fois séculaire ; le puits de la Samaritaine appelé par les indigènes *puits de Jacob* ; le tombeau de Joseph, les monts Hébal et Garizim, les ruines de Silo et de Béthel. Enfin, le dimanche 10 mai, après une course plus pénible encore que les précédentes et un affreux orage, nous atteignîmes, à 5 heures 1/2 du soir, le sommet du mont Scopus, d'où la ville de Jérusalem, que les Musulmans eux-mêmes ne nomment que « la Sainte » *(El Kods)*, se découvrit soudainement à mes yeux... . . . . . .
. . . .

Il y a dix mois passés de cet inoubliable jour, et je crois y être encore. Je crois me retrouver en face de cette blanche enceinte crénelée d'où s'élançaient dans l'azur une profusion de minarets, de campaniles et de coupoles parmi lesquelles instinctivement nous devinions le Saint-Sépulcre !... Oh ! c'est une de ces émotions qui se refusent à l'analyse. Tous les événements prodigieux accomplis dans cette cité sans pareille s'effacent devant une seule et unique impression : à savoir que derrière ces murailles fut planté le gibet sur lequel un Dieu fait homme, — dont nous, prêtres, nous continuons la mission rédemptrice, — paya la rançon de l'humanité. Et alors, pâles et frémissant de tous nos membres, les yeux ruisselants de larmes que nous ne cherchons point à retenir, nous nous jetons à bas de nos montures, et nous voilà collant avidement nos lèvres à ce sol qui a bu les sueurs et le sang de Jésus-Christ !...

Quelle triomphante entrée nous avons faite dans la Ville Sainte ! Précédés de notre grande croix, autour de laquelle s'étaient groupés le représentant de Sa Béatitude Mgr le Patriarche, le Consul de France escorté de ses *cavas* en grand costume, les délégués du Pacha de Jérusalem, les membres du clergé séculier et régulier et enfin l'élite des catholiques, nous nous avançâmes, au chant des Psaumes, vers la Basilique du Saint-Sépulcre, où tout le reste de la population nous suivit. Ah ! comme nous laissâmes déborder notre cœur dans ce sanctuaire, le plus auguste du monde ! Comme nous priâmes pour tous les êtres bien-aimés dont douze cents lieues nous séparaient, pour nos paroisses, pour nos œuvres, pour nos diocèses, pour notre patrie, pour l'Eglise !...

Je renonce à décrire le minutieux emploi des quatorze jours passés à Jérusalem. Au surplus, qui ne le devinerait sans peine ? Du matin au soir c'étaient des courses à tous les sanctuaires en renom. D'abord le Saint-Sépulcre m'attirait tous les jours : il y a là tant d'endroits dignes de toute vénération et enrichis d'indulgences précieuses, dont chacune se gagne par la récitation d'un seul *Pater* et d'un seul *Ave !* (1) Bornons-nous à mentionner

____

(1) Pour donner une idée des prodigieuses richesses spirituelles

la Colonne de la Flagellation, le Calvaire, le trou de la Croix, la fente du rocher, la pierre de l'Onction, la chapelle de l'Invention de la Sainte Croix et enfin le glorieux tombeau du Christ, sur lequel, le jour de mon départ, à trois heures du matin, j'eus l'indicible consolation de pouvoir faire descendre la même adorable Victime que Joseph d'Arimathie y avait autrefois déposée. En dehors de ce sanctuaire par excellence, je visitai celui du martyre de saint Jacques-le-Majeur, où je portai des préoccupations qu'on devine ; puis l'église Sainte-Anne, bâtie sur l'emplacement de la maison natale de la T. Sainte Vierge. Mon itinéraire me conduisit ensuite sur le mont Sion, dans la cour où Pierre renia son divin Maître, à la grotte où il pleura sa triple ingratitude et qui avoisine les huttes des Lépreux, au lieu de la lapidation de saint Etienne, à l'endroit où Jésus enseigna le *Pater*, à la grotte où Jérémie composa ses Lamentations, au tombeau des Rois, à la vallée de Josaphat, à la Piscine de Siloé, au champ d'Haceldama, au Jardin de Gethsémani et à toute la Voie douloureuse. C'est là que, le vendredi 15 mai, nous fîmes, en portant la grande croix du navire sur nos épaules, ce fameux Chemin de Croix de quatre heures de durée, dont chaque station, prêchée en plein air par notre vénéré compatriote le R. P. Vicaire

que rapporte un Pèlerinage en Terre-Sainte, il suffira de dire qu'on peut gagner 7 indulgences plénières et 18 indulgences partielles rien qu'en parcourant une seule fois l'église du Saint-Sépulcre ; que 38 indulgences plénières et 88 indulgences partielles sont attachées à la visite pieuse de Jérusalem et de sa banlieue, enfin que le parcours de tous les Saints Lieux de la Palestine procure un total de 52 indulgences plénières et de 168 indulgences partielles, toujours aux mêmes conditions. (Voir l'ouvrage *Mel de Petra*, par le P. Patrice de Sainte-Marie.)

de Terre-Sainte (1), sous les yeux stupéfaits des Turcs, des Juifs, des Grecs et des Arméniens, fit couler des torrents de larmes.

Deux heureuses coïncidences survenant sur ces entrefaites nous procurèrent une double bonne fortune : ce fut d'aller célébrer la fête de l'Ascension sur le mont des Oliviers où Jésus a laissé l'empreinte du dernier pas qu'il ait fait sur la terre, et la fête de la Pentecôte au Cénacle, devenu hélas ! un gynécée musulman !...

Je passe sous silence les excursions entreprises autour de Jérusalem, au milieu de roches arides, jaunâtres, calcinées, tourmentées, semées de pierres roulantes : désert sinistre à travers lequel se glissent furtivement les serpents et les scorpions, tandis qu'à des hauteurs immenses planent des aigles blancs, des milans, des vautours. C'est l'abomination de la désolation, ou plutôt c'est l'anathème divin continuant à peser, comme un couvercle de sépulcre, sur cette contrée déicide.

Il y a néanmoins deux oasis dans ce désert. C'est d'abord Saint-Jean-dans-la-Montagne (*Aïn Karim*), théâtre auguste de la Visitation de Marie et village natal du Précurseur : à chaque pas s'y réveillent les souvenirs de Saint Zacharie, de Sainte Elisabeth, de leur admirable fils et de la T. Sainte Vierge. C'est ensuite et surtout la riante ville de Béthléem, l'antique Ephrata, où j'ai passé l'une des plus suaves journées de ma vie dans cette grotte sacrée qui abrita Marie, Joseph, les bergers et les Mages, tous agenouillés, comme il nous fut donné de l'être, autour de la pierre sur laquelle reposait la Crèche et qui porte aujourd'hui cette émouvante inscription :

____

(1) Le R. P. Frédéric Janssoone, originaire de Ghyvelde, décanat d'Hondschoote.

Hɪc *de Virgine Maria Jesus-Christus natus est.*
C'est ici que la Vierge Marie enfanta Jésus-Christ.

Il ne manquait plus à nos vœux que la double excursion au Jourdain et à la Mer Morte, avec le crochet obligé sur la célèbre laure de Saint-Sabas. L'affreuse chaleur que nous subissions alors et qui incommodait même les indigènes, créait un sérieux obstacle à ceux qui, comme moi, ne se sentaient ni assez jeunes, ni assez reposés pour affronter la plus redoutable des fatigues du pèlerinage. Le pacha de Jérusalem, consulté, déclara que, bien qu'originaire du pays, il n'oserait pas risquer ce voyage. D'autres personnes expérimentées me dissuadèrent aussi de l'entreprendre. Je restai donc avec les deux tiers de mes compagnons de route, tandis qu'une centaine d'intrépides persistèrent à se former en deux caravanes : l'une, sous la conduite du dévoué frère Liévin, qui ne cachait pas son inquiétude, l'autre sous celle du sympapathique drogman Habasch, lequel vient de mourir à Jéricho. Dieu sait combien je souffris de ne pouvoir suivre ces chers partants qui, hélas ! ne devaient pas tous revenir !

Une dernière cérémonie nous réunit, la veille de la Pentecôte, dans le splendide pensionnat des Frères, pour y assister à la bénédiction d'une admirable grotte de Lourdes. Nous fûmes heureux de pouvoir ainsi rendre hommage au zèle que le Frère Evagre, directeur de cet établissement modèle, déploie, de concert avec les incomparables religieux Franciscains, les Pères blancs du Cardinal Lavigerie et les Dames de Sion, pour implanter au fond du cœur des enfants musulmans, juifs, arabes et bédouins, avec les principes éminemment civilisateurs de notre foi, le respect et l'amour de la France.

La date de l'embarquement approchait. Nous quittâmes donc, le lundi 25 mai, l'hospitalier couvent de *Casa Nova* pour prendre le chemin de Jaffa, toute pleine encore du souvenir des miracles de Saint Pierre, et dont les forêts de palmiers, de grenadiers, de citronniers et d'orangers, projettent leurs effluves jusqu'à plus de deux lieues en mer. Au large était ancrée notre chère *Bourgogne*, où nous attendait, autour du plus accompli des Commandants, le plus cordial des états-majors.

Quel indicible déchirement lorsque, après avoir pris congé de nos excellents cicérones le Frère Liévin de Hamme et le Frère Benoît, de notre organisateur en chef M. le Comte de Piellat, de l'éloquent dominicain le P. Mathieu Lecomte et des autres amis que nous nous étions faits en Terre-Sainte, nous descendîmes dans le caïque qui devait nous conduire au bateau. On leva l'ancre, l'hélice fonctionna et bientôt ces grèves ensoleillées, où nous laissions le meilleur de notre âme, disparurent à l'horizon.

Nous partions moins nombreux, car plusieurs d'entre nous s'étaient décidés à rester à Jérusalem pour s'y consacrer aux œuvres d'Orient, et l'un de nos confrères, le pauvre abbé Mouilleras (1), mort de chaleur et d'épuisement en revenant de cette excursion du Jourdain qu'on nous avait détournés d'entreprendre, reposait désormais sur le mont Sion, comme l'hostie expiatoire du quatrième pèlerinage de Pénitence !...

La seconde traversée fut aussi favorisée du beau temps que la première, hormis un seul jour de forte houle où je jugeai prudent de m'abstenir de dire la sainte Messe. Nous marchions à raison de 235 milles marins en

---

(1) M. l'abbé Mouilleras était curé à Saint-Quentin-lez-Beaurepaires (Maine-et-Loire), village natal de notre regretté Cardinal Régnier.

moyenne par jour. Le dimanche 31 mai, eut lieu à bord la touchante cérémonie de la première communion de deux petits mousses, préparés à ce grand acte par les soins d'un Père de l'Assomption. Mardi soir, à l'heure du dîner, nous exprimâmes au R. P. Bailly, ainsi qu'au Commandant Caffa, nos très sincères actions de grâces pour l'excellente organisation qui avait présidé à notre pèlerinage : le dévouement du saint prêtre et du digne capitaine s'était tellement montré au-dessus de tout éloge que la caravane entière ratifia par acclamation le légitime hommage rendu à ses deux chefs. Le lendemain, à notre réveil, nous étions en vue des côtes de Provence. A neuf heures du matin, les strophes enthousiastes de l'*Ave maris Stella* saluaient la statue de Notre-Dame-de-la-Garde, et à midi nous débarquions à Marseille sur le *Quai des Anglais*.

C'en était donc fait : l'heure était venue de briser les doux liens que la poursuite d'un même but avait noués entre toutes nos âmes et qu'une cohabitation de près de six semaines avait singulièrement resserrés. De douloureux adieux furent échangés avec une foule de pèlerins dont j'emportai dans mon cœur, comme un album vivant (1), le souvenir et l'image, inséparables désormais du cadre des circonstances et des lieux où s'était momentanément confondue notre vie. Parmi les noms qui se pressent sous ma plume, me permettra-t-on d'inscrire ici, après ceux des Pères Bailly, Briant et Pierre Descamps, membres du Comité de Direction, celui d'un autre co-directeur, M. Esmangart de Bournonville, que

(1) Un de nos compagnons de route, M. l'abbé Fromet, curé d'Angé (Loir-et-Cher), a édité une précieuse collection de types, de monuments et de sites, photographiés par lui-même en Palestine avec une rare perfection.

son dévouement et son abnégation avaient fait surnom-
mer le *bon Samaritain ;* M. le Comte de Villalba, chef
laïque de notre groupe ; M. l'abbé Bretonneau, qui devait devenir notre historiographe (1) ; nos chers Escula-
pes le Docteur Baille, d'Orléans, et le jeune Comte
Vittorio Mapelli, de Turin ; mes aimables voisins de
tente et de table Dom Paul Lafon et M. Georges Pégat ;
notre admirable phalange de jeunes gens ; enfin le
respectable M. Ludovic des Francs, que sa cécité
n'avait point empêché de courir les hasards de ce long
et pénible voyage ? Ah ! daigne Notre-Seigneur leur rendre en bénédictions de toute nature l'édification qu'ils
m'ont donnée ! Que leur noble exemple entraîne des
multitudes de plus en plus nombreuses vers cette Terre-
Sainte, naguère abritée sous notre Protectorat (2), mais
devenue aujourd'hui l'objet d'un scandaleux abandon !
Et pourquoi nos vœux se verraient-ils trompés ? Saint
Liébert, évêque de Cambrai, partait *à pied,* au onzième
siècle, pour Jérusalem, avec *trois mille* de ses diocésains,
parmi lesquels on comptait des vieillards et des enfants :

(1) Son beau livre intitulé *Les Echos du quatrième Pèlerinage de
Pénitence,* vient de paraître sous le patronage du R. P. Bailly, directeur des journaux *Le Pèlerin* et *La Croix.* — On lira aussi avec un
réel profit, outre les trois volumes absolument hors ligne de Mgr
Mislin sur « *Les Saints Lieux,* » et l'indispensable *Guide-Indicateur
des Sanctuaires et lieux historiques de la Terre-Sainte,* par le
F. Liévin de Hamme, le spirituel et charmant journal de voyage
intitulé « *Orient-Syrie,* » par la comtesse Juliette de Robersart. (2 vol.
édités à Paris, chez Challamel aîné).

(2) Notre gouvernement, qui s'est défendu, par la bouche de Gam-
betta, de faire de l'*anticléricalisme* « un article d'exportation », n'en-
trave *jusqu'ici* en aucune façon les pèlerinages en Terre-Sainte, au
contraire. Les demandes de congé ont toutes été favorablement
accueillies.

la prodigieuse facilité de nos moyens de locomotion n'aboutirait-elle qu'à nous immobiliser oisivement au coin du foyer? Est-ce donc que nous n'irons pas même porter une marque de sympathie à ces sublimes fils de saint François d'Assise qui souffrent, combattent et se font martyriser là-bas pour nous garder ces ruines désertées? Est-ce que définitivement nous allons laisser aux hérétiques et aux schismatiques, qui pullulent de plus en plus à Jérusalem, le monopole de ces Lieux saints, inaliénable propriété du Christ, qui les immortalisa, et de la Catholicité, qui les a payés de son sang? Serions-nous à ce point les descendants abâtardis de nos preux ancêtres? Non, non ; il faut, sous une forme pacifique, recommencer les antiques Croisades ; il faut s'en aller en Palestine le chapelet à la main et la prière aux lèvres ; il faut enfin ces pèlerinages d'extrêmes sacrifices et de pénitence pour sauver notre pays aux abois : le Pape nous y encourage et nous y pousse, l'Eglise nous bénit, en un mot DIEU LE VEUT !!!

9 782012 782976